LETTRE

D'UN

BOURGEOIS DE PARIS

AU PRÉSIDENT DE LA RÉPUBLIQUE,

TOUCHANT LE PROJET DE LOI DE M. DE FALLOUX

SUR L'INSTRUCTION PUBLIQUE.

PARIS,
CHEZ LES MARCHANDS DE NOUVEAUTÉS.
—
1849.

L'UNIVERSEL,

JOURNAL
POLITIQUE ET LITTÉRAIRE DU DIMANCHE.

ABONNEMENT. Paris....... { 3 mois 5 f. 50 6 mois 11 f. un an 20 f.
Départements (id. 7 f. id. 13 f. id. 25 f.

BUREAUX : *rue de Seine, 6.*

Chaque abonné de 3 mois reçoit, EN PRIME, un billet de la *grande loterie nationale des artistes*, concourant au tirage de plus de 6,000 lots d'une valeur de 25,000 à 10 fr.
L'abonné de 6 mois reçoit *deux* billets.
Enfin l'abonné d'*un an* reçoit un *billet* dit *de série*, comprenant 5 *billets ordinaires*, et concourant en outre au tirage du gros lot d'une valeur de 70,000 fr.

L'*Universel* n'est point un journal à images et à figures; il a la prétention de s'adresser aux gens sérieux et non aux petits ou aux grands enfants. Il veut faire de la politique, de la littérature, de la critique sérieuse, et s'attache à élucider les faits accomplis ou près de s'accomplir.
Dans la partie de *l'Universel* consacrée aux intérêts des sciences et des lettres (et plus de la moitié de chacun de ses numéros est exclusivement occupée par ces matières), l'art et la littérature sont traités au point de vue le plus sérieux et le plus général. Sa critique n'embrasse pas seulement ce qui paraît en France; les productions de la littérature étrangère ont aussi une grande part à son attention; et il fait aux revues et aux journaux littéraires paraissant en Angleterre, en Allemagne, en Italie et en Espagne, de fréquents emprunts au moyen desquels ses lecteurs peuvent juger le mouvement général de l'esprit humain, et trouver les renseignements qu'ils avaient jusqu'à présent l'habitude de demander à des recueils spéciaux, tels que la *Revue Britannique*, la *Revue Germanique*, etc., dont *l'Universel* peut d'ailleurs parfaitement tenir lieu, tout en procurant une économie considérable sur les frais d'abonnement.
Il accueille, lui aussi, le roman; mais sous la réserve expresse de ne jamais le laisser s'égarer dans l'immoralité.

Paris. — Typographie de Firmin Didot frères, rue Jacob, 56.

LETTRE

D'UN

BOURGEOIS DE PARIS

AU PRÉSIDENT DE LA RÉPUBLIQUE,

Touchant le projet de loi de M. de Falloux sur l'instruction publique.

Monsieur le Président,

Le projet de loi de M. de Falloux sur l'instruction publique est une loi de parti : c'est la ruine de l'enseignement de l'État; c'est la contre-révolution entrant en armes au cœur de la société.

Je n'en veux pas à M. de Falloux : il a commencé par avertir l'Université qu'il ne la prenait pas en traître. On savait d'où il venait, ce qu'il pensait, ce qu'il avait publié; on connaissait ses engagements de parti. Auteur de deux écrits significatifs, où il n'avait pas dissimulé ses opinions, gentilhomme aux formes séduisantes et à l'esprit aventureux, homme à convictions profondes, non pourtant sans finesse, M. le vicomte de Falloux est, comme son ami M. le comte de Montalembert, un fils des croisés, professant un dévouement sans bornes au saint-siége et à l'autorité ecclésiastique.

Ce qui m'étonne donc, ce n'est pas qu'un pareil projet de loi soit émané de M. de Falloux, mais c'est que l'opinion publique soit restée si longtemps inattentive et endormie, en présence d'une loi qui compromet tous les intérêts moraux de la société, qui livre les générations nouvelles aux prêtres, et qu'aujourd'hui encore il faille faire effort pour la tirer de son engourdissement. Ce qui me confond, c'est la longanimité avec laquelle la France se laisse faire.

Oui, le projet de M. de Falloux porte la contre-révolution dans ses flancs : et quand je parle de contre-révolution, il ne s'agit pas ici d'une réaction plus ou moins souterraine contre la révolution du 24 Février. Le projet a une bien autre portée. Dans sa course rétrograde, il nous ramène bien plus en arrière : c'est la grande et première révolution de 1789 qui est en cause, ce sont tous ses résultats moraux qui sont remis en question, ou plutôt qui sont immolés et offerts en holocauste aux évêques ; c'est l'intronisation du pouvoir ecclésiastique sur les ruines de l'enseignement de l'État ; en un mot, c'est la révolution française faisant amende honorable aux pieds du clergé.

De la part des ennemis déclarés de l'Université et de la révolution, je comprends cet acharnement implacable et cette guerre à mort.

Mais l'opinion nationale, qu'est-elle devenue? Mais la majorité pacifique, où se cache-t-elle? Mais le public impartial, cette masse compacte qui fait le cœur du pays, où est-il? que dit-il? que pense-t-il? d'où vient cette indifférence profonde sur un sujet qui, il y a peu d'années encore, avait le don de passionner l'opinion publique, et trouvait la fibre populaire si irritable? — D'où vient? le voici.

Dans l'intervalle, un grand fait s'est passé, l'explosion soudaine d'une révolution terrible, ayant pour escorte le bouleversement social et l'irruption d'une nouvelle barbarie. La société entière, classes supérieures, classes moyennes, classes laborieuses, tout ce qui en France possède, pense ou travaille, a été saisi d'une terreur profonde, dont le long retentissement dure encore. Dans notre pays, on ne sait pas faire deux choses à la fois ; on a eu peur, on a peur encore, et pour le moment, il ne peut pas être question d'autre chose. Disposition précieuse à exploiter pour les hommes de parti ! Sans perdre un instant, ils se sont mis à l'œuvre, et pour peu que cet état de stupeur se prolonge quelques mois, ils mettront le temps à profit, les projets de loi les plus contre-révolutionnaires passeront inaperçus, et le coup de main législatif sera fait.

Voilà l'état des choses, voilà sur quoi il est urgent de réveiller l'attention de la France assoupie : voilà pourquoi je m'adresse à vous, Monsieur le Président, à vous qui, placé au sommet de l'État, devez, en vedette attentive, avoir l'œil ouvert sur tous les mouvements de l'opinion publique, sur ses aberrations comme sur ses intermittences. En m'adressant au premier magistrat du pays, je m'adresse à la nation elle-même, que vous représentez en vertu de son libre choix. Ce rôle de modérateur, qui appartient à tout gouvernement, échoit naturellement au Président de la République, placé en dehors des partis, dans une région plus calme et plus sereine. Héritier des traditions napoléoniennes, laisserez-vous porter atteinte à une grande institution qui s'est si profondément enracinée dans le sol ? Si l'empereur, votre oncle, eut des égards pour le clergé, toujours il lui fit sentir la main ferme qui gouvernait : c'est pour cela qu'il obtint de lui concours, dévouement, adulations même..., tant qu'il fut tout-puissant.

Je vous conjure donc, Monsieur le Président, et je conjure mes concitoyens d'ouvrir les yeux, et de regarder sérieusement où tout ceci peut nous conduire.

Quelque chose, il est vrai, a lieu de surprendre dans cette situation, la plus critique peut-être où l'Université se soit trouvée depuis quarante-un ans, c'est-à-dire, depuis l'époque où elle fut créée par son glorieux fondateur. On peut s'étonner, je l'avoue, du silence de l'Université, et j'ai entendu plus d'une voix l'accuser d'apathie ou de timidité excessive. Mais cette pauvre Université, que vous taxez si légèrement de couardise, vous ne savez pas de quels liens elle est garrottée. Songez à la subordination, à l'étroite dépendance, au danger d'une révocation, ou du moins d'une grande perturbation dans l'existence, et vous comprendrez que d'humbles professeurs hésitent avant d'affronter la publicité dans une cause personnelle. Et puis, *res angusta domi,* les besoins pressants de la vie, et la vue d'une famille au bien-être de laquelle il faut pourvoir, tout cela vous explique assez comment ces modestes fonctionnaires ne se pressent pas (et je les en loue) de se jeter dans la mêlée des partis, et d'engager une polémique presque toujours funeste en définitive à ceux qui y sont acteurs.

Heureusement il ne s'agit pas ici d'une cause personnelle à plaider, mais de la cause de l'État; il s'agit des prérogatives du gouvernement, qui voit ses droits sacrifiés et qui méconnaît ses devoirs. Ce n'est plus l'Université seulement qui est en question, mais la destinée des générations nouvelles; c'est l'asservissement de la pensée, c'est le régime clérical, auquel l'esprit français n'a jamais pu et ne pourra jamais se plier.

Il n'y a plus dès lors à hésiter, il faut faire appel à l'opinion publique. C'est pourquoi moi, simple citoyen, personnellement désintéressé dans le débat, j'ose prendre la parole, et déférer à votre jugement, Monsieur le Président, cette question si grave, dans laquelle est engagé l'avenir de la France.

Le projet de loi de M. de Falloux marche à la contre-révolution par un chemin détourné en apparence, mais par le chemin le plus sûr, savoir : par la destruction de l'Université et la ruine des écoles de l'État ; en second lieu, par l'abandon complet de l'instruction publique aux mains du clergé. Toutes les dispositions capitales du projet se réduisent en effet à ces deux points : 1° démolir ce qui existe, 2° ouvrir les voies les plus larges possibles au clergé, lui aplanir les obstacles, lui faciliter toutes les conquêtes, enfin l'armer de toutes les forces qu'on retire à l'enseignement de l'État.

C'est là ce que nos hommes politiques appellent une *transaction équitable*.

Mon premier grief, le premier chef d'accusation que je dirige contre le projet, c'est l'abandon complet des droits de l'État. J'accuse le gouvernement de se trahir lui-même, en abdiquant les pouvoirs dont la nation l'a investi dans l'intérêt de la société entière, en désertant cette tutelle et cette direction morale des jeunes générations, qui est une de ses prérogatives, et presque le premier de ses devoirs. Enfin, je l'accuse de livrer à l'ennemi les armes qu'il a reçues pour défendre l'enseignement national. Car, il n'y a pas moyen de s'y méprendre, ici, l'ennemi, c'est le clergé. La liberté, dès qu'on la lui accorde, ne lui suffit plus : ce qu'il lui faut, c'est le privilége et le monopole. Ah ! que nous avions bien pressenti la pensée secrète cachée sous tant de clameurs qui invoquaient la liberté de l'enseignement ! C'était en réalité la domination exclusive qu'ils convoitaient ; ils ne seront pas contents à moins. Et, en effet, des concessions que Louis-Philippe, malgré ses complaisances pour le clergé, ne lui aurait jamais faites, et qu'il lui a toujours refusées avec persistance, ne satisfont déjà plus le parti prêtre. Des principes auxquels la Restauration elle-même, dans ses plus mauvais jours, n'avait point osé porter atteinte, sont outrageusement violés dans ce projet ; et la réaction cléricale ne s'arrêtera pas avant d'avoir confisqué toutes les conquêtes morales de la révolution de 1789, l'esprit de tolérance, la liberté religieuse et la liberté de la pensée.

Ce qui frappe d'abord, à la lecture de cet étrange projet de loi, c'est une incohérence qu'on est tenté de croire préméditée. Mais sous cette obscurité savante, sous cette confusion habilement calculée, à travers un désordre qui n'est pas sans art, il n'est pas difficile de démêler un dessein profond. Tout peut se ramener à deux ou trois dispositions capitales, qui, en dépouillant l'Université, arment du même coup l'autorité ecclésiastique.

La première, et la plus profondément conçue peut-être, est celle qui concerne les académies ou ressorts de l'administration universitaire, lesquelles seraient portées au nombre de 86, une par département, au lieu de 26, ou même de 20, nombre auquel M. de Vaulabelle les a réduites. 86 académies, plus ou moins, vous comprenez bien qu'on n'y tient pas pour elles-mêmes ; mais c'est une machine de guerre, c'est un bélier pour battre en brèche la centralisation de l'instruction publique, en termes clairs, pour la désorganiser. Le plan d'abolir jusqu'à la trace de l'administration universitaire est si peu dissimulé, qu'on a hésité longtemps à substituer au titre connu et respecté de *Conseil académique*, la dénomination nouvelle et beaucoup plus vague de comité départemental. On veut donc décentraliser, on ne s'en cache pas ; comme s'il y avait déjà trop d'unité en France ! On craint qu'elle ne soit trop compacte ; il faut briser ce faisceau d'idées, de sentiments et de volontés, qui pourrait bien opposer trop de résistance à la réalisation de certains projets. On veut *rendre aux pouvoirs locaux des droits dont ils peuvent et sauront mieux user*. Un pareil langage est-il sérieux dans la bouche d'un ministre ? Qui ne sait de quelles plaies les influences locales rongent l'administration ?

Mais ce n'est pas tout : il ne suffit pas de démanteler la place, si l'on n'introduit l'ennemi au cœur même de la citadelle. 86 académies supposent 86 recteurs. Or, savez-vous ce que c'est qu'un recteur ? C'est celui qui représente l'action du gouvernement en matière d'instruction publique, dans un ressort de quatre ou cinq départements ; c'est à lui qu'aboutissent toutes les affaires. On conçoit qu'un tel magistrat, dont le devoir est de veiller sur la moralité des fonctionnaires ses subordonnés, sur la bonne tenue des établissements publics, et d'imprimer partout une impulsion uniforme, ne saurait être entouré de trop de considération et de respect : et pour cela, la première condition est qu'il commande le respect et la considération par lui-même, par son caractère d'abord, puis par son instruction ; car il faut qu'il soit au moins le pair des hommes savants dont il est le chef; enfin par sa capacité administrative. Or, ces fonctions de recteur, que nous voudrions voir si dignement remplies pour qu'elles fussent plus vénérées, ces fonctions, que le caprice ministériel, ou le favoritisme, ou le népotisme, ont plus d'une fois prostituées, et que l'Université, nous le savons, a gémi, a rougi plus d'une fois de voir tomber en des mains inhabiles ou indignes, que deviendront-elles quand elles seront livrées au premier venu? Car c'est ici qu'il est temps de dévoiler une disposition supplémentaire, qu'on n'a point osé inscrire dans le projet, mais qu'on a eu soin d'introduire par amendement de la commission. *Les recteurs pourront être choisis en dehors de l'Université ;* ce qui équivaut à dire que ces fonctions pourront être conférées au premier venu, sans garantie aucune ni d'instruction, ni d'expérience, ni de capacité, sans nulle connaissance préalable du corps à la tête duquel on lui fera l'honneur de le placer. Et le premier venu, ici, sera quiconque aura fait acte de mauvais vouloir contre l'Université, quiconque sera en odeur de dévotion, quiconque aura une bonne note de l'évêque.

Le rectorat ainsi accommodé, il fallait faire un pas de plus, et en venir à l'inspection générale : car l'inspection est le ressort essentiel et vital de l'Université, c'est le grand rouage qui fait marcher toute la machine. Les inspecteurs généraux sont comme les yeux et les bras du ministre. C'est un grand jury, composé d'hommes expérimentés, qui tous ont dû passer par les degrés de l'enseignement, et en qui l'autorité supérieure a mis sa confiance ; elle les charge d'aller juger les hommes et les choses. Qui peut se flatter de réunir le rare ensemble de conditions qu'exige leur mission délicate ? une instruction variée, la pratique de l'enseignement, par-dessus tout un sens droit, le tact, le discernement des âmes, et encore deux qualités si nécessaires pour le maniement des hommes, de la décision dans le caractère, avec de la douceur dans les formes ? C'est sur leurs rapports, c'est d'après les observations qu'ils ont recueillies sur les divers ordres de fonctionnaires, sur les méthodes, sur la direction morale, sur tous les détails de l'administration, c'est d'après cet ensemble de renseignements, que le ministre est appelé à statuer sur le personnel, sur la bonne ou mauvaise direction des établissements, et à dispenser l'éloge ou le blâme, l'avancement ou les sévérités.

On le voit, tout le nerf de l'institution universitaire réside dans l'inspection générale : ce ressort une fois brisé ou relâché, toute la machine se détraque, ou ne fonctionne plus que mollement.

L'inspection générale, appliquée à tous les services de l'administration publique, est en effet le véritable moyen de contrôle pour maintenir, dans un vaste pays comme la France, l'unité d'esprit et de direction. C'est ce qu'avait bien compris le fondateur de l'Université, qui ne bornait pas l'utilité de l'inspection au service de l'instruction publique, mais qui, en se réservant de l'appliquer à l'administration proprement dite, par les missions extraordinaires de ses conseillers d'État dans les départements, l'introduisit avec succès dans les finances, dans l'armée, dans les haras, comme elle l'a été depuis dans les prisons et dans les hospices. Cette haute pensée, notre histoire nous la révèle dans un autre génie de même famille, à la fois grand guerrier, grand législateur et grand administrateur. Qu'étaient-ce en effet que les *missi dominici* de Charlemagne, sinon des inspecteurs généraux chargés de surveiller sur tous les points de la France l'administration de la justice et le bon emploi de la force publique ?

Mais ces vues élevées d'unité et de concentration du pouvoir ne paraissent plus être à l'usage de nos hommes politiques. Dans le besoin de décentralisation et de démolition qui les pousse, on conçoit que l'inspection générale de l'instruction publique les gêne ; car c'est encore un lien qui, partant du centre aux extrémités pour revenir des points extrêmes au centre, rattache ensemble toutes les parties de ce vaste corps, et propage un même esprit dans toutes les écoles publiques de la France. Il faut donc aussi l'annuler, ou tout au moins l'énerver. Déjà l'on commence par la déclarer peu utile, ou même superflue. Puis, voyez le rôle dérisoire que M. de Falloux lui concède dans son fameux article 19 : « L'ins-
« pection des établissements libres ne pourra porter que
« sur la moralité, le respect de la constitution et des

« lois, et l'hygiène. » Un des membres les plus influents de la commisssion et de l'Assemblée propose un amendement qui adjoindrait à l'hygiène, l'enseignement, ou les méthodes d'enseignement : déjà M. Thiers se ralliait à cette proposition : M. de Falloux, voyant la minorité grossir, et menacer de devenir une majorité, s'écrie : « Cet amendement, je le combattrai ; jamais les évêques « n'y consentiront ! » — Voilà donc le grand mot lâché : c'est pour les évêques, c'est sous leur bon plaisir, c'est sous leur dictée, que la loi se rédige ! Qu'on s'étonne après cela de les voir faire invasion en conquérants dans le conseil de l'instruction publique !

Enfin, pour achever de déconsidérer l'inspection générale, arrive l'heureuse conception d'y introduire des représentants de l'enseignement privé. Quelque honorables d'ailleurs que puissent être les hommes laborieux qui font de l'éducation de la jeunesse un trafic, nous ne pouvons nous résigner à les mettre sérieusement en parallèle avec des hommes éprouvés, qui ont vieilli sous le harnais, et dont les profondes études ont eu pour but l'amour désintéressé du vrai et du beau, et non la passion du gain.

J'en aurais autant à dire sur le peu de convenance qu'il y a à faire siéger des représentants de l'enseignement privé, en d'autres termes, des maîtres de pension, dans le conseil de l'Université, c'est-à-dire dans la magistrature de l'instruction publique, et à mettre ainsi sur le même rang deux classes d'hommes qui ont voué leur vie, les uns au culte du lucre, les autres au culte de la science.

J'ai dit qu'un des caractères les plus saillants de cette loi, c'est l'étrange confusion introduite à dessein peut-être dans son économie, c'est l'incohérence des dispositions, c'est le mélange de deux ordres d'idées qui doivent rester tout à fait distinctes, par exemple, en ce qui touche l'instruction primaire et l'instruction secondaire.

Qu'il y eût des réformes urgentes à introduire dans la loi sur l'instruction primaire, et que la conduite des instituteurs, dans beaucoup de départements, appelât une répression énergique, c'est ce que personne ne s'avise de contester, c'est un point sur lequel on eût rencontré un accord unanime. Ainsi, l'inamovibilité des instituteurs est un privilége intolérable, qui ne pouvait subsister, et contre lequel l'Université elle-même a plus d'une fois réclamé hautement. Il y avait donc à faire une loi sur l'instruction primaire. Et ici encore, sans vouloir justifier les torts des instituteurs, on aurait eu à tenir compte de bien des circonstances propres à excuser ces torts ou à les atténuer. Quand des provocations parties de si haut venaient jeter le trouble dans leur modeste existence, quand les circulaires d'un ministre, de M. Carnot ou de M. Jean Reynaud, venaient les convier à faire irruption dans la vie politique, et allumer en eux les convoitises de l'ambition, ne fallait-il pas une rare force de raison et de caractère, chez des jeunes gens peu éclairés, et dont l'éducation est encore si imparfaite, pour résister à des tentations trop séduisantes? Mais quelle que soit leur excuse, il n'en ont pas moins eu des torts graves : il convenait de les réprimer pour le passé, et de les prévenir pour l'avenir. Personne ne se fût refusé aux mesures à la fois fermes et raisonnables qui eussent exigé d'eux de nouvelles garanties.

Et la suppression des écoles normales primaires, qu'en dirons-nous? Un fait pareil ne suffit-il pas à divulguer tout le secret de cette machination profonde? N'est-il pas visible qu'on veut commencer par anéantir l'enseignement laïc, pour laisser ensuite le champ libre à l'invasion des congrégations religieuses? Que votre loi passe, et en moins de deux ans, en quelques mois peut-être, vous verrez dans toutes les petites villes, dans toutes les communes rurales, les écoles laïques en ruines, et les écoles ecclésiastiques s'installer sur leurs débris. Déjà, sur le seul flair de cette prochaine curée, les congrégations affluent en foule devant le conseil d'État et devant le conseil de l'Université, demandant, par une ingénieuse escobarderie, à être autorisées, non plus comme congrégations, mais comme établissements d'utilité publique.

Enfin, le choix des instituteurs abandonné aux conseils municipaux serait la mesure la plus fatale, et équivaudrait presque à l'abolition des écoles primaires. Quiconque a les notions les plus superficielles en administration, le plus humble commis de bureau, vous dira que les conseils municipaux des communes rurales, qui forment l'immense majorité des 38,000 communes de France, sont tout ce qu'il y a de plus ignorant, de plus grossier, de plus incompétent pour faire un choix raisonnable, et que leur remettre le choix des instituteurs, c'est vouloir qu'ils soient élus au cabaret... Je n'en dis pas davantage. Mais entre le choix des conseils municipaux et celui du recteur, comment hésiterait-on ? La tactique, en ce moment, n'est-elle pas de réduire les recteurs à une nullité dérisoire ?

En résumé, on a pris habilement occasion de la juste animadversion qui s'est élevée dans plusieurs départements contre les imprudences des instituteurs primaires, pour faire indistinctement le procès de l'Université entière, pour bouleverser toute sa constitution, pour la mutiler et la tronquer dans ses parties les plus vitales. Toute l'économie de la loi est si bien concentrée dans ces trois dispositions capitales, la création des 86 Académies, l'intrusion des évêques dans le conseil, et la mutilation de l'inspection générale, que si l'on demandait à M. de

Falloux d'indiquer les articles auquels il tient le plus, il désignerait sans hésiter ces trois articles ; le reste n'est qu'un remplissage insignifiant : tandis qu'armé de ces trois dispositions, le projet peut, à bon droit, s'intituler : LOI SUR LA DÉSORGANISATION DE L'INSTRUCTION PUBLIQUE.

Pour justifier ces plans de désorganisation, pour expliquer cette dérogation aux principes de tous les gouvernements qui ont dirigé la France depuis 1789, on ose alléguer *les justes exigences du clergé*, et la liberté de l'enseignement promise par la Constitution.

Et d'abord, est-il besoin de rappeler ce que c'est que le clergé ? Non : personne ne l'ignore. Seule hiérarchie que l'esprit niveleur de notre temps ait laissée debout, quand tous les autres supports de l'édifice social sont tombés en poussière, sa formidable organisation lui livrera toutes les forces dont on dépouille l'enseignement de l'État ; c'est donc au profit du clergé que la démolition s'accomplit. Voilà le corps redoutable que vous allez investir du pouvoir exclusif de former la jeunesse. Car dans ce projet si habilement conçu, les prétendues garanties données à la liberté sont autant de batteries destinées à ruiner les écoles publiques.

Faut-il s'en étonner, quand on songe à quelles mains a été confié le soin de préparer cette œuvre de destruction ? Ce sont les adversaires les plus acharnés de l'enseignement de l'État qui ont reçu la mission de lui faire sa part. — « Gardons-nous de donner l'éducation de la « jeunesse à un parti, » s'écriait M. Thiers, il y a quatre ans. Faites-vous donc autre chose aujourd'hui ? Ne livrez-vous pas l'éducation publique au plus rancuneux, au plus exclusif, au plus intolérant de tous les partis ?

Faire passer l'Université sous les fourches caudines de l'épiscopat, quel triomphe ! quelle jubilation ! Mais attendez un peu. Combien de temps ce pays-ci se résignera-t-il à subir le joug des prêtres? ou plutôt, acceptera-t-il jamais une domination qui lui est odieuse? Il suffit de poser la question pour la résoudre. Il faut en vérité bien de l'aveuglement pour ne pas voir où une pareille loi nous mène. Dieu veuille que ce ne soit pas à un nouveau sac de l'archevêché! Ce triomphe momentané du clergé ne fera que provoquer contre lui une réaction terrible. Tartufe va reprendre toute sa vogue. Nous verrons renaître l'opposition voltairienne, plus agressive et plus radicale qu'elle n'a jamais été. Bientôt les réimpressions de Voltaire et de Rousseau se multiplieront, se débiteront à vil prix dans les carrefours, dans les échoppes, dans les campagnes; et alors, il ne s'agira plus de la part plus ou moins large à faire au clergé dans l'enseignement public, mais de son existence même comme corporation : et le torrent de l'opinion ne s'arrêtera plus, jusqu'à ce que la séparation complète et absolue de l'Église et de l'État soit définitivement consommée : séparation dont on peut prévoir dès aujourd'hui toutes les conséquences, c'est-à-dire une ligne du budget rayée sans retour.

Avant donc de passer outre, que le clergé réfléchisse aux bornes que, dans son intérêt même, il conviendrait de poser à ses exigences. Accordez la liberté pleine et entière aussi étendue qu'il vous plaira, et que le clergé en use pour son compte. L'Université, qui lui a toujours ouvert ses rangs, et qui déjà lui a fait une assez belle part, ne recule pas devant une loyale concurrence; mais gardez-vous, sous le prétexte de liberté, de créer le privilége et le monopole.

Le second prétexte de ces bouleversements est la liberté de l'enseignement promise par la Constitution. Voyons donc ce qu'il faut entendre par la liberté de l'enseignement. La vraie liberté de l'enseignement repose sur le droit du père de famille. Mais en quoi a-t-on jamais attenté au droit sacré que nous lui reconnaissons d'élever ou de faire élever ses enfants comme il lui plaît, et par qui il lui plaît? En quoi l'a-t-on jamais gêné dans l'exercice de ce droit? Nous n'avons jamais été de ceux qui prétendent que l'État puisse se substituer arbitrairement à la famille.

La liberté de l'enseignement est réclamée aussi dans un autre intérêt, au nom des droits de l'industrie particulière. Mais l'industrie privée, appliquée à l'éducation de la jeunesse, ne s'exerce-t-elle pas partout en France avec la plus grande liberté? N'est-elle pas florissante dans les plus humbles cités, comme dans nos plus grandes villes? Est-il un seul perfectionnement, une seule des nouvelles méthodes tant prônées, que la surveillance de l'État ait jamais empêché de se produire? Que si ces droits ne vous paraissent pas encore suffisamment garantis, demandez de nouvelles sûretés, on ne vous refusera pas celles qui seront compatibles avec la légitime intervention de l'État, dont la surveillance en pareille matière ne saurait être trop active. Et n'est-ce pas quand la liberté déborde au sein de la société, sous une constitution républicaine, où l'action du gouvernement a moins de concentration et de force, n'est-ce pas alors que les garanties exigées de l'enseignement libre doivent être plus sérieuses? N'oublions pas non plus que ce nom pompeux d'enseignement libre décore aussi une industrie, et que toute industrie a le lucre pour but premier sinon unique. Le bon sens souffre-t-il que l'inexpérience des familles soit abandonnée sans réserve à toutes les séductions du charlatanisme?

D'un autre côté, prétendrait-on que la liberté de l'enseignement entraîne la négation du droit inhérent à l'État d'offrir un enseignement modèle? Il serait ainsi seul privé du droit qu'on ne refuse à personne. Est-ce que la direction suprême de l'éducation publique n'est pas une fonction du gouvernement, un de ses attributs essentiels, et je dirai plus, un de ses devoirs? Au gouvernement appartient la tutelle de ces intérêts moraux qui risqueraient d'être si gravement compromis par une liberté sans contrôle. C'est surtout dans les temps de révolution que sa vigilance doit redoubler, pour ne pas laisser l'éducation de la jeunesse devenir la proie d'un parti. Napoléon, travaillant à relever les ruines de la société, révéla par cette grande conception la puissance de son génie organisateur. Il avait bien compris, en effet, que l'unité territoriale et l'unité administrative ne suffiraient pas à la France, si elles n'étaient vivifiées par l'unité morale c'est-à-dire par cette communauté d'esprit, de sentiments et d'idées qu'un système d'éducation générale peut seul établir dans une grande nation.

Les dernières années du règne de Louis-Philippe furent troublées par une émeute d'évêques, à propos de la liberté d'enseignement. Un beau jour, c'était en 1844, un écrivain plein de verve, un esprit supérieur, disons mieux, un homme d'État, prit la parole, et rappela quelques principes bien simples : il remontra qu'il s'agissait de l'unité de la France; il mit en parallèle l'enseignement laïc et l'enseignement ecclésiastique; il prouva la nécessité d'une éducation nationale, d'où sortent des générations imbues de l'esprit de notre temps, et l'insuffisance du clergé, trop en dehors de la société, trop étranger à l'esprit qui l'anime. — Comme toujours, le clergé, dès qu'il reconnut une voix partie des hautes régions du pouvoir, dès qu'il sentit la main d'un homme qui avait tenu le gouvernail, rentra dans un calme profond ;

et cette parole émanée d'en haut imposa silence aux criailleries, et nous valut deux années de trêve (1).

Louis XIV, le grand roi, faisait pénitence sur le dos des huguenots et des jansénistes. Ainsi, nos convertis de tous les régimes, les vieux serviteurs de l'empire et de la branche cadette, sont reçus à merci par les légitimistes et par le clergé, à la condition de leur livrer l'enseignement de l'État. Mais quoi! faut-il donc absolument une victime pour sceller la réconciliation? Oui, l'épiscopat l'exige : dans ce nouveau triumvirat des vieux partis, l'épiscopat réclame le silence des chaires de l'Université, et on ne peut lui refuser cette satisfaction.

C'est ici qu'il faut déplorer amèrement la faiblesse du pouvoir central, à la discrétion d'une majorité flottante, et ballotté par les partis, qui se croient tour à tour en mesure de lui faire la loi. En face des fluctuations aveugles et anarchiques du suffrage universel, qui pourrait dire à quel point peut s'accroître la prépondérance du clergé, que sa puissante organisation, sa forte hiérarchie, et l'unité de direction rendent si formidable? Voilà aujourd'hui le danger qui nous menace. Dans une pareille situation, loin d'énerver l'organisation du corps enseignant et de le désarmer, ce que le gouvernement aurait à faire, ce serait bien plutôt de le fortifier et de lui donner plus de consistance. Quand tous les liens sociaux se relâchent, alors plus que jamais, les peuples ont besoin d'un gouvernement fort, afin qu'il puisse être juste et modéré. Or, c'est précisément l'absence de cet esprit de justice et de modération qui se révèle dans le projet de loi sur l'organisation universitaire. C'est par là que se trahit la faiblesse de notre gouvernement. Sous la pression du pouvoir ecclésiastique, il est à la veille, je ne dis

(1) Voir à la fin, note A, un extrait de l'opinion de M. Thiers.

pas seulement de commettre une grande injustice, mais de se porter à lui-même un coup funeste dont il aura peine à se relever.

Voilà donc la conclusion de notre examen : les auteurs du projet veulent faire l'éducation publique à l'image d'un séminaire ou d'une coterie, et non à l'image de la France.

Et vous, M. de Falloux, qui, par votre parole aussi courageuse qu'éloquente, vous êtes placé au premier rang parmi les défenseurs de l'ordre social; vous, cœur si loyal, talent si élevé, esprit si ouvert, l'Université sera-t-elle condamnée à maudire le jour où vous fûtes placé à sa tête? sera-t-elle réduite à regarder comme désastreuse l'heure où ses destinées furent remises entre vos mains? Entraîné par des engagements de parti, vous avez frappé à mort une grande institution de l'État, dont le personnel vous est peu connu, et dont les rouages vous sont encore peu familiers. Vous avez appelé à statuer sur son sort les représentants d'une opinion hostile, ses ennemis les plus irréconciliables. Est-ce là de la justice? Si vous étiez curieux de constater la véritable opinion, le jour même où vous avez couronné l'élite de notre jeunesse, vous avez pu entendre un écho du sentiment national. A votre entrée dans la salle, monsieur le Ministre, un cri unanime est parti des rangs des élèves : « *Vive l'Université !* » On avait craint, dit-on, de leur part, des manifestations inconvenantes. Nous étions loin d'y croire : non, rien de pareil. Mais un hommage de reconnaissance à leurs maîtres, et, sous cet hommage, une protestation respectueuse, enveloppée, avec quel tact, quel à-propos, quelle mesure! Je m'en rapporte à vous, monsieur le Ministre, si bon juge de tout ce qui est délicat.

Monsieur le Président,

Je vous soumets avec confiance le résultat de l'examen consciencieux auquel je me suis livré. Je ne puis le taire, je suis effrayé des conséquences de ce désastreux projet de loi. Il a dépassé toutes mes craintes. Je ne croyais pas qu'on pût tant oser aujourd'hui contre la puissance du gouvernement, et contre l'esprit de la France. Car, je n'en doute pas, plus vous y réfléchirez, plus vous reconnaîtrez que la cause de l'Université est la cause de la France et la cause de la civilisation moderne ; plus vous serez frappé du péril qu'il y aurait à livrer l'éducation de la jeunesse à un parti ; plus enfin vous apparaîtra le danger de faire des lois organiques en temps de révolution, et lorsque les passions sont encore si émues. L'œuvre du législateur ne doit pas porter les stigmates d'une œuvre de colère et de rancune. Tout date en France de la révolution, nous n'avons pas d'autres ancêtres : ne soyons pas infidèles à son esprit. Avec cette haute impartialité qui est l'apanage d'un pouvoir élevé, arbitre nécessaire entre les partis, maintenez la balance égale entre les intérêts que ce débat met en présence. Le simple ajournement d'une discussion si importante ne compromet rien. Permettez à l'opinion publique de mûrir sur des problèmes si compliqués, dans lesquels est engagé l'avenir des générations nouvelles. Puissiez-vous épargner ainsi à l'Assemblée nationale une faute dont elle aurait un jour à se repentir amèrement ! Et lorsque des temps plus calmes permettront aux esprits une appréciation équitable et dégagée de passions, alors la législation pourra intervenir avec plus d'autorité, concilier toutes les exigences fondées sur la raison, et préparer une œuvre durable.

NOTE A. *Extrait du Rapport de M. Thiers*, 13 *juillet* 1844.

M. Thiers, après avoir reconnu l'influence des hommes chargés de l'enseignement, se demandait à qui l'État doit remettre la mission d'élever la jeunesse. Doit-elle être confiée aux ennemis du nouvel ordre social? car la cause de la révolution française est engagée dans la question.

Oui, répondait-il, il faut que la jeunesse soit élevée religieusement, mais il faut aussi qu'elle soit élevée dans le véritable esprit du temps, des institutions, dans les sentiments de patriotisme qui conviennent à une grande nation. Sans doute il faut des hommes pieux, animés de sentiments religieux; mais il faut aussi de bons citoyens, de bons Français. Or, est-ce en les confiant aux jésuites qu'on les formera?

L'éducation laïque et l'éducation par le clergé sont en présence; le débat est entre ces deux partis. L'éducation de la jeunesse doit-elle être livrée au clergé? Ce serait un pas rétrograde, ce serait la contre-révolution. La révolution française a achevé la sécularisation complète de l'éducation, comme de la société, comme du gouvernement.

Le retour à la religion est désirable, à la condition toutefois d'unir à la foi la tolérance et la liberté d'esprit, la liberté de la pensée, sans laquelle aucun homme éclairé ne voudrait vivre aujourd'hui.

L'Université, c'est l'unité en matière d'éducation. Il nous faut former des générations animées des idées saines du siècle, qui n'aient aucune des idées fausses du passé, ni des haines du temps présent, et qui réalisent la vraie pensée de la révolution.

Gardons-nous, ajoutait-il, de donner l'éducation de la jeunesse à un parti! A quoi devons-nous travailler aujourd'hui? A réunir la France dans les mêmes idées et les mêmes sentiments.

Les maîtres, les instituteurs, sont le moule dans lequel on jette la jeunesse : il faut que le moule soit en tout semblable à la société pour laquelle la jeunesse est faite.

Les professeurs de l'Université sont des pères de famille semblables à nous, animés du même esprit, ayant les mêmes idées, les mêmes sentiments, les mêmes principes que la société à laquelle ils appartiennent.

Le clergé est trop en dehors de la société, trop étranger aux idées qui l'animent.

Il faut une éducation nationale d'où sortent des générations imbues de l'esprit de notre temps et de la révolution d'où émane le gouvernement. Il faut que l'enseignement public soit laïc, en harmonie avec la liberté des cultes.

L'unité fait le trait distinctif de la nation française et sa principale force.

Il faut que la jeunesse soit élevée par des hommes en tout semblables à la société dans laquelle la jeunesse est appelée à vivre, par des hommes animés de l'esprit du siècle, c'est-à-dire de la révolution. Le clergé est-il capable d'inspirer à la jeunesse le véritable esprit public?

De toutes ces raisons, M. Thiers concluait que l'enseignement doit être laïc.

Les maîtres sont comme le siècle dont ils font partie, dont ils sont l'image. Oui, ils font partie du siècle et lui ressemblent, mais dans ce qu'il a de meilleur. Ils respectent profondément la religion, secondent de tous leurs efforts le ministre du culte chargé de l'enseigner, mais ne veulent pas l'imposer; ils respectent dans l'enfant la liberté de conscience comme dans l'homme lui-même.

Il disait en dernier lieu: « L'Université a fait les hom-
« mes du siècle présent plus religieux que les hommes du
« siècle passé. »

Nous n'avons rien à ajouter à cette apologie.